María Ángeles Álvarez

EL DOLMEN

EDITORIAL CUADERNOS DEL LABERINTO
—COLECCIÓN ANAQUEL DE POESÍA, Nº154—
MADRID • MMXXV

Impreso en España por COPIAS CENTRO

Primera edición: JUNIO 2025

Depósito legal: M-13266-2025
I.S.B.N: 979-13-87751-22-7

www.cuadernosdelaberinto.com

A mi familia, buceando en este viaje al fondo de nuestro pasado.

PRÓLOGO

POR BASILIO SÁNCHEZ

El Dolmen es un hermoso poema que recoge la experiencia de la autora como arqueóloga, pero también su relación personal con el mundo y la espiritualidad.

El texto, con un leguaje contenido y mistérico que reclama el balbuceo, la pincelada impresionista, la palabra asombrada, nos hace regresar —fundiendo la experiencia íntima en la excavación con la experiencia humana de la cultura que utilizó los dólmenes para buscarle a los suyos un lugar en el más allá— a aquellos días de frío y soledad, de indefensión y desamparo en los que los hombres y mujeres comenzaban a establecer, sobre las bases inseguras de sus sentimientos, la idea de lo sagrado.

El poema consigue recrear una atmósfera misteriosa, trágica e intemporal en la que percibimos que todo está ocurriendo en este mismo momento, en el instante en el que la autora recoge unas cuentas de collar o un fragmento de vasija de barro, y con ellos se adentra en un túnel milenario hasta el corazón de un grito que elevará a nuestra especie por encima de sí misma.

La magia y la espiritualidad, el anhelo de algo superior, la esperanza en la pervivencia en otro mundo sin penalidades, impregnan este poema que es mucho más que un registro, que un diario de excavación, porque es la representación viva de una voz que se eleva entre las grandes piedras del dolor para reclamar, desde el miedo, el sufrimiento y la soledad de un mundo primigenio, algo diferente. El poema, más que una construcción lingüística supone, en este sentido, una forma hermosísima de fijar, mediante las palabras, una imagen trascendente de lo que somos.

María Ángeles Álvarez

EL DOLMEN

A todo amarraba la misma cadena de tinieblas.
El silbido del viento,
el canto melodioso de las aves en la espesura de las ramas,
la cadencia del agua fluyendo impetuosa,
el golpe seco de las rocas al precipitarse,
la invisible carrera de los animales retozando,
el rugido de las bestias más feroces,
el eco retumbante en las cavernas de los montes
los agarrotaba de miedo.
Sobre ellos solos se cernía una noche agobiante,
imagen de las tinieblas que iban a acogerlos.

Juicio de las tinieblas. Libro de la Sabiduría, 17, 18

En 1986, mientras prospectaba en Ávila, encontré un dolmen que pude excavar un año después: **el dolmen del Prado de las Cruces,** en Bernuy Salinero. Cada tarde, al volver de la excavación, ardía sobre el horizonte un sol que se iba perdiendo entre las colinas y la muralla. Sentía que estábamos abriendo un lugar tan remoto en la prehistoria como cercano, íntimo y vital.

Las aves volaban sobre nosotros llenas de presagios. Las piedras megalíticas del círculo y del corredor se convirtieron en grandes guerreros que desde entonces me protegen, en las mismas puertas del abismo de la existencia, la vida y la fe.

Hacía tanto frío que nos poníamos periódicos debajo de la ropa, pero la emoción de abrir esta página tan remota de nuestra existencia nos calentaba por dentro.

Sólo el viento rompía ese hilo de tensión que al otro mundo de lo oculto nos lleva.

Planeaba el halcón
y su sombra abría raíces
que se colgaban en tu precipicio.

Había rocas en descomposición,
pequeños invertebrados,
humedad
y muerte rodeando todo.

El hielo formaba laberintos
que quemaban mis manos
al acariciarlos,
mientras rompía a gritar
el firmamento
que se iba postrando a un sol
incandescente y rojo,
desatado
y cruel.

En el humo de mi respiración
quería levantar hogueras,
altos árboles cargados de palabras
donde cobijarme.

La llanura era meseta
pelada y salvaje,
donde los escorpiones
iban clavando sus mensajes
entre los peregrinos
que por allí estábamos
tumbados en el frío.

Moles enhiestas como monstruos
se descolgaban,
rajando a una roca madre
que en polvo se dolía,
fragmentándose.

Piedras trashumantes
sobre miles de pies descalzos que

al arañarse,
avanzaban caminando.
Sobre troncos
sobre gritos,
sobre látigos de un tiempo feroz,
soporte vivo de la tienda de oración
donde me tiendo.

Se colaba la luna
bañándose en los ojos
que el hielo talló,
sobre una madre roca
que lloraba.

Y se abrían con sus iris
otros lugares hondos
donde sumergirme,
donde buscar mi propia huella,
donde bañarme en hielo,
en sal,
en oscuridad.

Rocas hincadas,
como dientes hambrientos
de subsuelo,
de bocas sagradas
que querían engullir
a sus hijos,
enterrando lo hincado,
pulverizando en arenas
cada corazón.
Rocas que formaron
hombres con sus espaldas rotas de dolor,
con sus cinturones de vértebras rasgados,
con uñas aplastadas,
con dedos helados.

En un embudo
que de la vida a la muerte
nos lleva,
entrando en el trance
de vivir una partida entre piornos, tomillos y sal.

Una muerte narrada
en otra lengua,
donde los alaridos eran oraciones
y los gritos construían largos himnos,
sinfonías de un mundo oscuro,
que se abre para mí,
cuando te canto.

Arrodillada ante un sol
que se pega como una hoja sedienta
a las columnas de humo
de lo eterno,
siento que de las sombras
surge todo
y que la Asamblea que lloraba tanta
muerte
aún se duele,
aún baila en tu presencia,
aún llora cantando,
aún se arrastra tras la puerta del dintel,
la Hermosa.

Dejando tras de mí
un reguero de cuentas de rosario
de las variscitas.

Un rosario de plegarias
que al cuello me atan
con un collar salvaje
que me ahoga,
empujándome a entrar
a un lugar sombrío,
con humo y libaciones
donde no puedo ver
cómo crecen los crocos
en agosto cuando refresca.

El dolmen nació
en mi mirada
sobre un cielo helado
que se abría,
azul en medio de lo rojo
que algunas veces,
sobre el horizonte,

se abre sangrando.
Y soñé con entrar
y de mis dedos comenzaron a
surgir las llaves
que iban abriendo el lugar,
las sombras y los bultos,
de lo que tras las cuentas y las rocas
se oculta.

Soñé con levantar escaleras
hacia el cielo
desde las cotas de la excavación
que iban apareciendo cadenciosamente
al ritmo de mi respiración.

Arañando con las yemas
un suelo que se abría
y entregaba
como ofrenda al cielo
su pudor,
lo oculto,
lo bello y lo salvaje de su panza.

Las cuentas de collar,
los microlitos,
las puntas de flecha,
los trozos de vasijas,
el sueño, la fatiga
y el dolor.

Todo estaba creándose
para mí,
nada hay que tú
no hayas entregado
así, entre sudores.

El cinturón de lajas
se apretaba como un corsé,
creando tanta presión
como una olla de libaciones
ardiendo, como una pústula
saliendo de cada herida.

Sujetando el túmulo
que en las piedras hincadas
se asienta,
rodeando todo de esa
presión salvaje
que tiene el cielo cuando
nos muestra la tormenta,
cuando cae la lluvia
sobre un sembrado,
sobre el barro de un rincón.
Presión que crea
un espacio de paz
y bienestar en sus adentros,
cámara de ofrendas,
muertos alineados en los gritos,
suelo pulido y barrido,
con tantas cabelleras
y con tanto dolor.

Un espacio que salía
de las entrañas del mundo
para que pudiera
volver

a lo más recóndito
de mi existencia.

Donde oír el rugido
de lo oscuro.

Las membranas parecían
devolver el sonido
que en cantos se desataba,
con una cadencia rigurosa,
como una letanía
de presagios y dolores,
angustias y adivinaciones
que del otro mundo llegaban.

Y la luz
entraba por el corredor
a estamparse
en lo oscuro,
sobre miles de capas
de humo,
sobre nosotros.

Entraban en hilera
un ejército de rayos
alineados,
clanes de guerreros en línea de combate,
almas en las puertas del abismo
gritando y suspirando.

Mientras todos lloraban,
la boca del suelo
quería partir hacia ese otro lugar
del precipicio que se abría
en gemidos salvajes.

Vestidos con pieles de ciervos,
de osos y venados,
que fueron desollados de cuajo,
sin piedad,
con los sílex del talladero
de la sierra helada y blanca.

Los gritos de dolor
amordazaban a los hombres,
uniéndoles con fuerza entre ellos,

clanes,
familias,
grupos en pie de guerra,
soldados y cazadores,
en pie
de soledad.

Las plegarias
avanzaban en redondo
como nubes de humo
 y construían una canción
que se dilataba eternamente,
cuernos,
sonidos deletreando muerte,
tambores de guerra,
pieles y perdón.

Y formaban unos collares que
se pegaban al cuello, que nos oprimían
con sus dedos ajados.
Al excavar,
sentía que abríamos
puertas ocultas,

y en las manos
teníamos parte del polvo
que sobre todo yacía.

Nos ahogábamos.

Naufragaba entre ríos de granitos pulverizados,
entre los signos que se iban escondiendo,
entre las voces que me llevaban a otros lugares
que ahora,
contigo,
voy
descubriendo.

El abismo es el mismo,
la cortante aún tiene el rocío del
canto de los mirlos en abril.
Y sigue sonando
el sauce que
nació de la tapia
del brocal.

Montones de tierra
creamos.

Montones de trocitos
de huellas,
piedras
y excrementos que siglar,
haciendo nuestro lo que nos regalas
sobre aquello que pasó
mientras soplaba tu aire,
mientras se abría el momento
para gritar.

¿A dónde fueron?
¿Dónde están?, que no veo ya su silueta.
El suelo se cerró.
¿Si reptáramos?
¿Si dejáramos que la tierra nos arañara el interior?
¿Si cerráramos
el silencio
y nos hundiéramos en él?

¿Si nos lanzáramos sin piedad
a los charcos que deja la tarde
prendidos?

¿Podríamos volver a verte?

¿Sería posible encontrar otra vez
la llave de la puerta,
de la muerte
y de la sed?

La noche se prende
de los hielos
que la aman.
La luna parece entrar
entre las rocas
hasta la luz.

El silencio se desata
con su motor
eterno y ronco.

El cielo se abaja
para mirarnos,
¿dónde vive el escarabajo
que veíamos
moverse torpemente
entre los dientes,
entre los pliegues de la garganta,
mientras recitábamos himnos
cargados de hondura
y de barro acumulado?

Aquellos hombres
vivían como mujeres parturientas
gritando,
muriendo a cada son
de un tambor
lento y cadencioso.

Se sentaban cada noche
adorando esa luz que los quemaba,
calentando lo oscuro
de su corazón.

Buscando
en cada astro,
vomitando su pena en cada flor,
recitando mantras,
arrodillándose en los suelos helados
que sobre las hierbas
florecen.

Mientras el agua
parecía sacar aquellos días
de la oscuridad,
bautizando todo
en el nombre de un dios
que ahora sabemos
que era el Padre.
Buscaba restos
entre las sombras
del dolmen
que un día
me regaló
aquel cielo helado y azul,
al transfigurarse salvaje
sobre mí.

Arrastrándome sobre la tripa
en un corredor angosto
que me lleva a ti.
Allí, donde
entre silencios,
en la nube
me aguardas.

Había un gran mar
sobre el que se movían aquellos
pueblos buscando
dónde guarecerse
en medio del naufragio.

Olas de hambruna
y de violencia,
al olfato de la caza.
Tomillos
en oquedades
que al subsuelo me llevaban
donde dormir
y vomitar la vida.

Había viviendas
arrastradas por las lluvias,
pisoteadas de frío
en medio de un fuego voraz
que acababa
con todo.

Había pequeños chamizos,
humo entre los barros,
estiércol,
leche y pudor.

Había un mar lleno de náufragos,
los pequeños grupos
se movían lentamente,
deslizando
su cascarón de nave de cueros,
heridos por el hielo y
la desazón.

Reptaban y
sentían la piel caliente,
deshaciéndose entre
los granitos y los cardos,
en noches eternas
que nos unían,
abismo con abismo,
rezando y esperando.

Cantos
calientes
se abren
ahora
en mi garganta.

Noches tendidas
sobre las mías,
mientras espero oír
murmullos,
suaves suspiros,
risas encantadas,
de un mundo tan real
como recóndito.

Todo me une al fondo
de lo encontrado en la cata,
atando mis manos
al sedimento más antiguo
del perfil estratigráfico que
íbamos creando entre todos.

Durmiendo en redondo,
piel con piel,
uñas,
sangre y orín.

En redondo.

En pequeños círculos
de piedra y matas,
abiertos como hogueras
en un cielo
que se solía caer.

En redondo.

Buscando la oquedad mágica
que nos llevara a ese lugar
recóndito donde descansas,
donde oír el rugido de la fiera
que decían que eras,
rabioso y cruel.
Y verte como un guerrero
sobre las aguas,
los fuegos
y la tempestad.

Como inmutable menhir
sobre el que comenzar a bordar
canciones y adivinaciones
en ritos y sacrificios.

La noche se extiende plana y radiante
reflejándose en tantos huecos
que los astros crean
cayéndose por aquí.

Excavamos con piquetas,
con paletas,
punzones, pinceles.

Excavábamos entonces con los dedos,
dejando pulido el suelo
con lo suave de las yemas.

Cada grano de tierra
cada pequeño resto de cerámica,
cada perfil, pared, canto,
cada resto de fuego
iban levantando nuevos lugares,
volviendo cada material
emocionado,
a su verdadero lugar.

Un lugar en mi madriguera.

Un lugar en lo más recóndito de mi cuaderno
interior,
en las anotaciones de los pliegues de mi vida,
en aquellos lugares donde el sol nunca entra
alimentándose de abismos,
la sombra
que se libera volando.

Piedra sobre piedra,
cristal, hielo, aire
piedra, cardo, aire,
arena,
sal,
dolor, aire
y muerte dando la vuelta al sol,
bañándose en la eternidad
de una mañana
manchada
de frío y de luz.

Lo eterno aparecía así,
mientras los patos salvajes

volaban en grandes manadas
hacia ti, quemándose.

Nada hay más ingrávido
que una construcción pétrea
hecha de oraciones
flotando,
hoja de aire, sobre todo.

Piedras en forma de círculo
donde volver a rellenar
aquello que el día
a veces va desechando.

Piedras amigas,
guardaespaldas rugosas
donde descansar de tanto sufrimiento,
donde sentir esa humedad salvaje
que hace crecer a las rocas
en la oscuridad.

Piedras describiendo palabras.
Piedras que dicen que estoy aquí,
dicen que la muerte no es un árbol talado,
dicen que el frío puede levantar su vuelo
con el calor del sol.

Dicen que los sacrificios
purifican y envuelven
el dolor.

Dicen que es posible volar
cuando ya las alas
han desaparecido.

Dicen que vengas,
que por favor vengas,
que ahora nada es comparable
a ti.

Dormíamos sobre el suelo
abierto,
ventanas pétreas
que nos comunicaban
con el otro lugar.

Ritos colgados del humo,
cantos que al desgarrar la garganta
nos reconfortaban,
sintiendo cómo de lo oscuro
surgía una mano
que nos abrazaba.

Con todos los muertos alineados
en una fila eterna
que iba saltando a lo inefable
a cada poco, mientras vivíamos
colgados de la luna y sus rayos
que nos untaban la cara
con una mantequilla deshecha,
leche nutritiva
y voraz.

Abría la cortina de piedra
de la casa donde
me colaba reptando,
agrietando mi cuerpo
en los granitos,
en la mica, que como navaja
me cortaba.

Abría el lugar de lo eterno,
ciega y magullada,
con los dedos hechos muñones
de tanto atrapar los momentos
que entre los humos rituales
se iban.
El dolmen era un alto árbol
plantado en medio de una planicie
que parecía un mar cegado y transparente,
con unas raíces cortas y salvajes
que no podían ir más allá
de su torpeza.

Sujetando los ortostatos
que con las lajas del túmulo
se asientan.

Un árbol al que agarrarme
cuando en sueños sienta
que todo se abre
y que voy cayendo sin piedad
hacia lo oscuro.

Un árbol de hojas pétreas,
de tronco pétreo,
de pétreos sentimientos
arañados y salvajes.

Mientras intento ascender
para encontrar eso
que, como estrella polar,
ha sido la luz
que ansía mi noche.

Árbol donde las aves nocturnas
se esconden trinando,
donde los murciélagos vuelan en redondo,
donde tenderme al fin
bajo su copa hecha de granito y de sed.

Miles de pueblos han pasado
por aquí.

Miles de seres en busca del maná eterno,
en busca del sosiego
en medio de las tormentas,
las batallas y las muertes,
portando difuntos
que, quemados en fuegos rituales
en las vasijas de lo eterno, descansan.

Entre los restos de los que fueron,
una punta de flecha,
una cuenta de collar,
un secreto,
la angustia de vivir una existencia

sobre un granito cruel,
que como monstruo hambriento
los devoraba.

Cazadores del sol,
ganaderos de la nada,
habitantes de las matas agrestes de los tomillos,
de las aguileñas heladas,
las fumarias enanas,
de las dedaleras al margen de la luz.

Niños en manadas
siguiendo hacia la luz
un camino marcado
por miles de rocas pulverizadas,
en el hielo de un invierno
que parecía no tener fin.

Levantaron una montaña
en una planicie mística
donde las aves pasan en sus peregrinajes.

Hicieron cuevas
en medio de una meseta
donde oler lo eterno,
donde volver a un lugar que, como madre,
los iba pariendo
a la existencia.

Una cueva como puerta de entrada a lo que eres,
a lo que nos muestras
cuando damos un movimiento ascendente
a nuestra vida,
respirando hondo en tus palabras que sentimos
que están vivas.

Cuevas que nos llevan
a ese lugar soñado
donde las olas de lo eterno
están bañadas de penumbra y de silencio.

Lugares de paso, abismos
hacia lo hondo donde habitas,

donde haces ese pan que alimenta mi vida,
donde nos haces sentir
el aguijón que clavado,
se infecta sobre la piel,
supurando
la fe.

Y nosotros, que nacimos
en un sol que nos hería
los ojos con su sal,
buscábamos el precipicio
donde sabemos
que existes.

Serpientes que surgieron de un palo,
ritos de iniciación,
fuego, hambre y juventud,
armando un subsuelo
lleno de humo y de locura.

Con las manos al excavar
aún encuentro los restos
de tu entrada a las mazmorras
de mi interior,
el dintel,
la puerta,
las cerraduras que construyes así,
sobre la piel
infectada.

Esto es tan sagrado
como esta pradera que, resecándose
en hielos y ventiscas,
se cuartea.

Veo los montones de tierra
que los topos hacemos
sobre tu piel de madre
verde y ajada,
sobre la pradera que en planicie
se viste.

Y entonces llegó un dolor salvaje
flotando en el aire del cielo.
Mi cabeza se iba cuarteando en partes
pétreas todas,
en náuseas salvajes como volcanes.

Nada,
nada más que dolor.

Una cortante que en las sienes
abría el infierno
donde me esperas.

La pobreza del que nada tiene,
el dolor del ya machacado,
la humillación del que ya
no puede pensar
ni vivir entre las dunas.

Dolor que usas para amarme,
descomponiendo las rocas,

amansando lo que queda
arrasado del temporal.

Dolor como un viento helado
de noviembre
perfilando cada silueta del sol,
haciendo mapas de los momentos
tristes, amigos
que se van juntos de la mano.

Mi dolmen
es un templo de dolor
que se levanta, durmiendo
plegarias y alaridos.
Mientras todo se barre
desde hace miles de años,
formando escuadrones de
fantasmas.

Guerreros luchando
en la batalla cruel
que en este Campo Azálvaro se inicia
cuando desciendes.

Al fondo, las luces
de la salida,
caminos que nos hablan
de la salida,
palabras que arrancan a cantar
en la salida.

Un dolmen es un templo
levantado
sobre un lago cristalino,
cortante y salvaje
donde reflejarnos
llorando,
donde retorcernos a veces
de dolor.

El sol pasa rápido por Bernuy
arrasando con todo,
quemando las pieles,
las matas,
los escarabajos,
aquello que tierno nace cada poco.
Las hierbas se vuelven

arenas,
todo parece levantarse
en un desierto de agua
por donde deambulas,
un éxodo
que, aún hoy, parece
extenderse por aquí.

Las nubes esculpen el cielo
con un buril
y se arañan
en sus mares y océanos
blancos y grisáceos.

Sobre el suelo las hormigas
van mordiendo dedos
rabiosas en sus caravanas
eternas.

El espacio se fija en el tiempo
feliz
tras el cielo que cabalga y

se marcha.
Los *Echinium*, las lenguas de vaca
se estampan también
bajo el suelo,
que se abre en crocos.
El mundo de abajo descansa
a la altura de mis sandalias
y comienza a moverse.

Vida y oscuridad,
pasado y realidad,
en una llanura que se abre
dejándonos caer
dentro.

Y debajo de la sima
en este precipicio oscuro
siento que el aire
aún cimbrea los espartos,
en un baile ritual.

Ceremonias que duraron
largos milenios,
hilos eternos que aún el aire
hoy recoge,
metiendo dolor y arenas en mis oídos,
ceguera y migraña
en lo más hondo
del caparazón.

Cadencias que,
de sombra en sombra,
continúan su baile
desde hace tanto tiempo,
antes de que estas nubes,
como rebaños,
en estas praderas
pastaran.

Hay un iglú
de paredes de oxígeno en el aire
que a la sombra de un túmulo
se levanta
entre las piedras de la cámara,

inclinadas y fieles como monjes,
marcando la línea
de la oración del monte
que todo esto
fue.

Aire que continúa
marcando el área sagrada
y mágica de una muerte
que se bailaba
en vida,
comiendo y bebiendo
en una fiesta.

Aquí veo
musgos fosilizados,
líquenes en hielo,
rocas de granito con sus cristales,
sintiendo ese calor húmedo de mis manos
cuando excavaba,
la emoción de sentir
que iba apareciendo

como vivo,
lo que realmente vive.

El mismo calor que ahora siento
mientras dos grandes rapaces
planean a muerto
sobre mí.

Sentada bajo un cielo
azotado por el aire,
sintiendo la orfandad
del que perdió su guarida,
abierta y excavada,
siglada,
estudiada con un bisturí,
bisonte hambriento que
se come la herida.

Estoy sentada
en los restos de lo que miles de ráfagas
de hielos, ventiscas y sequías

han dejado,
nieves y lluvias torrenciales
sobre un suelo donde el fuego
ritual y mágico
no se apaga.

Está el hogar aún caliente
dentro de las heridas
de los dedos
de mis manos abiertas,
troncos que crujen
al arder.

El caracol,
la existencia que vuelve
a cada giro,
a la casa,
al calor.

Espirales que nos van descolgando
hacia otros suelos

donde también vivimos
arañados,
con escobas de retamas,
piornos y tomillos
secados al sol.

Círculos en los caminos
de curvas amasadas sobre arenas
que van calando,
abriendo lo caliente
que aún vive por dentro,
la vida al lado del barro,
las manos unidas
más allá del dolor.

Pueblos en movimiento
sobre llanuras cuarteadas,
con arroyos que se convertían por momentos
en dioses alados
al caer de lado lo cruel
de la estación.

De pies como suelas de cuero,
cordones como zapatos
extraídos con raedoras,
y buriles
de la piel tierna
cercana al corazón.

En círculos de vida,
pompas familiares que daban aire
a sus cachorros, criados
sobre lanchas abiertas,
paridos bajo un cielo
protector.

Cazando en manadas,
comiendo círculos
con dientes roídos,
miles de pieles de ciervos,
devorados,
degustados en las hogueras
que al cielo se abrían cuando los dioses
cerraban el cordón oscuro

del cielo,
donde moraban.

Hay algo sagrado
en las semillas
que se dejan
moler,
en los panes secados al sol,
en los cereales crujiendo
sobre un humo ritual,
germinando ojos.

Semilla de lo que fue,
que aún hoy
se retuerce en cada giro
que, tras las catas
de lo oculto,
se excava.

Hay algo sagrado
en las semillas

ocultas tras miles de años
de oscuridad,
peladas y lavadas,
en las aguas heladas que cortan
las tijeras de la respiración.

Semillas que hacen
salir la luz
sobre lo oscuro,
dando vida y germen
tras miles de siglos
de desazón,
y que me hacen ver
las ventanas del tiempo,
que me hacen bailar
al ritmo de ese otro son.

Piedras talladas,
suelo de mi mirada,
que me empujan ahora
a crecer entre las matas,
siguiendo el zumbido del abejorro que me rodea,

saliendo de las grietas,
cuarteándolas.
Crecer hacia un cielo
que un día
se abrió sobre mí
mientras lloraba arenas.

Encontrarme con algún *Helicrysum,*
oler su candor ritual que embalsama todo,
dejar que todo vaya ascendiendo
hoja a hoja.

Juntar el dolmen con los bosques,
andar entre cardos y aguas
sobre los arroyos
en lo oculto del sol.

Envolver cada mole granítica
de musgos,
hacer crecer vida
en las raíces del funeral,

recordando cada difunto,
padre, abuelo, amigo,
sentados sobre los vientos, el fuego
y el temporal.

Levantar el túmulo con hojas
y matas floridas
para enterrarme al fin algún día,
rodeada
de verdura
y de paz.

Miles de ojos
otean desde las colinas
el paso de los animales,
el vuelo de las rapaces,
la caída lenta del sol enredándose
en las encinas,
buscando un lugar
donde enterrar a la muerte
bajo miles de cantos
y de lluvias.

Dejar
que se convierta la pradera
en montaña,
y entrar allí
a descansar.

Parar de perseguir las estrellas y los astros
que se fugan
entre cardos yeseros,
entre nubes bajas de polvo,
rebaños pastando al sol,
enredándose en las encinas,
buscando un lugar seguro donde aullar,
donde enterrar a la muerte
bajo miles de cantos, lluvias y oscuridad.

Parar.

Parar.

Parar.

Encontré un dolmen
que llevaba
gritando por mí,
pronunciando mi nombre.

Un lugar violado por miles de sequedades
y forasteros,
por la lluvia y el hielo que
va abriendo, con sus cuchillos y azadas,
brechas y dolor.

Ahí, sobre una pradera
seca y pulverizada,
donde la noche se extiende
como sábana,
tapando con su mano
la vida
y el dolor,
impregnando todo de un aroma
rancio y eterno.

Ven y vive
sobre las ruinas
de un lugar llamado muerte,
prado y cruz,
sobre lo que está vivo
desde hace milenios,
sobre piedras.

Ven y vive.

Ven y vive.

Ven y vive.

Trozos de vasijas
armas líticas, huesos quemados.

Los jacintos de otoño
nacen de una lluvia eterna
al caer con furia,
agua sobre el fuego,
sobre la vida
y el honor.

Aspirando lo agreste
de los tomillos
que en aroma de libación
ascienden.

MARÍA ÁNGELES ÁLVAREZ

Poeta, acuarelista, artista floral y arqueóloga —prehistoriadora por la Universidad de Salamanca. Interprete de cítara salterio y de clavicémbalo. Adora la música antigua y la ópera. Investigadora y difusora de la vida y obra de Santa Teresa de Jesús y San Juan de la Cruz.

Ha formado parte de los equipos de investigación de las excavaciones de los Castros de Sanchorreja, Ulaca y Cogotas en Ávila.
Descubrió el dolmen del Prado de las Cruces, en Bernuy Salinero, y lo excavó.

Tiene tres poemarios publicados en la editorial Cuadernos del Laberinto:
Y el aire al soplar (2019), Las hierbas de los regatos están blancas. Crónica poética de un agosto en llamas (2020) y *Un jardín amado donde descansar* (2023).

Artista floral con dos libros publicados donde utiliza el arte floral para expresar sentimientos de naturaleza espiritual:

31 meditaciones con flores sobre los textos de Teresa de Jesús (2012) y *Un castillo lleno de flores* (2015), basado en el libro de las *Moradas* de Santa Teresa de Jesús.

Lleva a cabo exposiciones y muestras de arte floral en museos y centros de arte como el Museo Superunda Caprotti y en el Palacio de la Mosquera en Arenas de San Pedro.

Acuarelista con obra expuesta en Museos y Exposiciones de arte contemporáneo, miembro del grupo Artesón.

Dirige la Casa de la Poesía Juan de la Cruz de la Universidad de la Mística, CITeS de Ávila. Lugar de encuentro de poetas y lectores de poesía.

Amante de las flores silvestres, dirige talleres de arte floral y decoración con flores. Ha impartido clases y talleres en Gredos (Ávila). Sus diseños y enseñanzas quedan recogidos en su libro *Gredos en amarillo. Guía práctica de decoración con piornos* (2023. Cuadernos del Laberinto).

OBRA GRÁFICA DEL POEMARIO
EL DOLMEN

Mi mundo poético está lleno de imágenes y palabras en un todo unitario. Cada poema o verso toman su verdadera identidad con la acuarela. En brochazos y manchas de color los pigmentos suspendidos en el agua nos llevan a esos lugares donde habita la palabra, formando parte de un todo, completando la expresión.

Este gran poema que es *El dolmen* tiene una parte gráfica compuesta por veintidós acuarelas que se van a exponer en distintos espacios de arte y museos y se pueden ver también en mi página web:

www.mariaangelesalvarez.es

Acabose de imprimir esta
primera edición de
EL DOLMEN,
de **MARÍA ÁNGELES ÁLVAREZ,**
el día 24 de junio de 2024,
aniversario del nacimiento
de San Juan de la Cruz

Buscando mis amores,
iré por esos montes y riberas;
ni cogeré las flores,
ni temeré las fieras,
y pasaré los fuertes y fronteras

LAUS DEO